Lev Esipovich

Ein Überblick über die Grundelemente des Handball-Torwarttrainings

GRIN Verlag

Bibliografische Information der Deutschen Nationalbibliothek:

Die Deutsche Bibliothek verzeichnet diese Publikation in der Deutschen National-
bibliografie; detaillierte bibliografische Daten sind im Internet über http://dnb.d-
nb.de/ abrufbar.

Impressum:

Copyright © 2007 GRIN Verlag GmbH
Druck und Bindung: Books on Demand GmbH, Norderstedt Germany
ISBN: 978-3-640-90870-7

Dieses Buch bei GRIN:

http://www.grin.com/de/e-book/171445/ein-ueberblick-ueber-die-grundelemente-
des-handball-torwarttrainings

GRIN - Your knowledge has value

Der GRIN Verlag publiziert seit 1998 wissenschaftliche Arbeiten von Studenten, Hochschullehrern und anderen Akademikern als eBook und gedrucktes Buch. Die Verlagswebsite www.grin.com ist die ideale Plattform zur Veröffentlichung von Hausarbeiten, Abschlussarbeiten, wissenschaftlichen Aufsätzen, Dissertationen und Fachbüchern.

Besuchen Sie uns im Internet:

http://www.grin.com/

http://www.facebook.com/grincom

http://www.twitter.com/grin_com

FACHHOCHSCHULE BRAUNSCHWEIG/WOLFENBÜTTEL

Karl - Scharfenberg - Fakultät Salzgitter
Verkehr- Sport- Tourismus- Medien

Referat

Handball - Torwarttraining

Von: **Lev Esipovich**

Salzgitter, 13.10.2007

Inhaltsverzeichnis

1 Einleitung

Spiele gewinnt man vorn – große Meisterschaften hinten. Diese alte Klugheit charakterisiert den Torhüter als eine sehr bedeutsame Größe in einer Handballmannschaft. Durch eine hervorragende Erfüllung seiner Hauptaufgabe, nämlich die Würfe abzuwehren, motiviert er seine Mitspieler, schenkt ihnen Selbstvertrauen sowie ein Sicherheitsgefühl[1]. Umgekehrt schaffen die sensationellen Torwartparaden in den rivalischen Angriffsreihen Verunsicherungen und demoralisieren somit den Gegner. Scheinbar isoliert im 6- Meterraum, spielt ein guter Torhüter eine wichtige Rolle auch in der Offensive seines Teams: Er leitet den Angriff durch einen präzise ausgeführten Pass ein[2] und kann das Spiel seiner Mannschaft durch sämtliche Ratschläge nicht nur bezüglich der Defensive sondern auch der Offensive organisieren[3].

Demgemäß wird deutlich, dass der Keeper eine wichtige Rolle auf dem Handballfeld spielt und ein großes Maß an bedeutungsvollen Aufgaben zu tragen hat. Um diesen Aufgaben gerecht zu werden, sind für den Torwart unter Anderem spezielle Trainingsmaßnahmen/-bedingungen erforderlich. In dieser Arbeit beschäftigen wir uns daher mit dem Thema des Torwarttrainings und seinen Besonderheiten. Zuerst bestimmen wir aus welchen Grundelementen ein Trainingsbetrieb der Torhüter besteht und an welchen es am sinnvollsten ist, individuell bzw. im Mannschaftstraining zu arbeiten. Im Folgenden wird ein Vorschlag für eine 90-minütige Torwarttrainingseinheit vorgestellt. Den Schluss der Arbeit stellen die Ergebnisse unserer Auseinandersetzung mit dem Thema dar.

2 Grundelemente des Torwarttrainings

2.1 Konditionelle Elemente

„Zum Handballtorhüter wird man nicht geboren. Man wird zu einem gemacht"[4] – so die deutschen Starkeeper Henning Fritz und Wieland Schmidt. Tatsächlich, wenn ein Kind Torwarttalent laut seinen Übungsleiter haben soll, dann ist das meistens der große Mut,

---

[1] Vgl. Thiel, A./ S. Hecker: Halten, S. 11.
[2] Vgl. Fritz, H./ W. Schmidt/ A. Friedrich: Siegen, S. 10.
[3] Vgl. ebd., S. 38.
[4] Vgl. Fritz, H./ W. Schmidt/ A. Friedrich: Siegen, S. 44.

mit dem er die Würfe abwehrt[5]. Die *Aktions- und Reaktionsschnelligkeit, Beweglichkeit und Gewandtheit, Sprung- und Rumpfkraft sowie Grundlagenausdauer*, welche konditionelle Anforderungen an jeden Torwart darstellen[6], kann man auch sehr produktiv, nicht nur im Kindesalter, durch spezielle Übungen trainieren und somit weiterentwickeln.

Die *Grundlageausdauer* darf heute nicht wie früher unterschätzt werden. Der Torwart leistet 60 Minuten lang solche Schwerstarbeit wie kaum ein anderer Feldspieler. Bis in die Schlussphase muss der Torwart hochkonzentriert und leistungsfähig bleiben, um auf die entscheidenden Würfe mit einer schnellen Abwehraktion reagieren zu können. Daher sollte er „einer der konditionsstärksten Spieler der Mannschaft"[7] sein. Die Torhütergrundlageausdauer kann am Sinnvollsten im allgemeinen Mannschaftstraining trainiert bzw. verbessert werden und benötigt somit keine speziellen Trainingsmaßnahmen[8].

Ausscheren aus dem Mannschaftstraining sollte der Torhüter, wenn es um die torwartspezifischen Trainingskomponenten geht: *Beweglichkeitstraining* mit seinen Stretchingübungen, die täglich ausgeführt werden müssen; Übungen zur Steigerung der *Aktionsschnelligkeit* mit dem wichtigen Schwerpunkt wie der Verbesserung von Arm- und Beinbewegungen; *Reaktionsschnelligkeit*, die als „Indikator für die geistige Frische"[9] gilt; *Sprungkraft*, durch die viele kleine Torhüter ihre „Mängel der Körpergröße" ausgleichen; schließlich sollte man die Bedeutung der *Rumpfkraft* für die Torhüter nicht unterschätzen — ein ausgeglichenes Kraftniveau der ganzen Körpermuskulatur hilft nicht nur bei technischen Bewegungsabläufen sondern stellt auch den Schutz des Keepers vor Verletzungen dar.

2.2 Torwarttechnik.

Hoch-, Halbhoch oder Flachwürfe, von Außen- bzw. von Innenposition – jede Wurfart, die der Gegner in seinem Angriffsarsenal normalerweise hat, benötigt vom Torhüter ihre eigene optimale Abwehrtechnik, die hilft, schädliche Ausholbewegungen und Zwischenschritte zu vermeiden. Aus diesem Grund müssen alle technischen Abläufe not-

---

[5] Vgl. Thiel, A./ S. Hecker: Halten, S. 13.
[6] Vgl. Kolodziej, C.: Richtig, S. 46.
[7] Werner, G.: Handball, S. 30.
[8] Vgl. Fritz, H./ W. Schmidt/ A. Friedrich: Siegen, S. 121.
[9] Ebd. S. 146.

wendigerweise durch spezielle Übungen automatisiert werden. Diese Arbeit sollte am Besten Inhalt möglichst jeder Trainingseinheit sein und unter anderem im Rahmen des Sondertrainings durchgeführt werden. Mit dem gezielten Techniktraining fängt man sehr früh an, am Besten schon mit 13-14 Jahren[10], da automatisierte Fehler, die „nur schwer wieder ausgemerzt werden können"[11], in gar keinem Fall auftreten dürfen.[12]

2.3 Torwarttaktik.

Zur erfolgreichen Abwehr von Würfen gehört neben der Torwarttechnik auch gleichermaßen die Torwarttaktik. Ein gutes Stellungsspiel verhilft der Ökonomisierung bzw. der Erhöhung der Effektivität der Torwartleistung. Mit einer optimalen Torwarttaktik kann der Torhüter den Weg zur Ballabwehr möglichst kurz und in alle Richtungen gleich lang halten. Aus diesem Grund bleibt der technisch gut ausgebildeter Keeper während des Spiels nicht an ein und derselben Stelle zwischen den Pfosten, sondern passt seine Position dem Spielgeschehen ständig an und versucht sich immer in der taktischen Tormitte[13] zu befinden. Wie man sieht, gehört zu der taktisch richtigen Stellung auch eine dauernde Beobachtung der Ballposition sowie der Spielsituation insgesamt[14].

Ein gutes Stellungsspiel und die große Anzahl von Torwartregeln sowie die Fähigkeit das Spiel zu „lesen" (voraussagen, was im Spiel als Nächstes passiert) kann man nicht von heute auf morgen erlernen. Die Torwarttaktik trainiert man immer bis dann mit zunehmender Erfahrung automatisch (intuitiv) richtig gehandelt wird[15], da dem Torhüter im Handball zum Überlegen sehr oft gar keine Zeit bleibt.

Letzendlich muss man unterstreichen, dass es keine ideale, für alle geltende Technik bzw. Taktik gibt[16]. Das geeignete Stellungsspiel sowie technische Abläufe in Verbindung mit der Kondition werden im Rahmen der Trainingsplanung[17] an die

---

[10] Vgl. Thiel, A./ S. Hecker: Halten, S. 13.
[11] Ebd., S. 17.
[12] Vgl. ebd., S. 17.
[13] Diese Position befindet sich auf dem Schnittpunkt der Winkelhalbierende und der bogenförmige Linie (Aktionslinie), auf der sich der Torwart bewegt und die etwa ein Meter vor der Torlinie ist
[14] Vgl. Kolodziej, C.: Richtig, S. 50 f.
[15] Vgl. Ebd., S. 51 f.
[16] Vgl. Thiel, A./ S. Hecker: Halten, S. 17.
[17] Im Anhang wird auf die systematische Jahresplanung beim Torhütertraining näher eingegangen.

individuellen körperlichen Voraussetzungen der Torhüter angepasst und entsprechend trainiert[18].

3 Trainingseinheit

Im Weiteren wird eine 90-Minutige Trainingseinheit, die in Anlehnung an Fritz/ Schmidt/ Friedrich, Kolodziej und Thiel/ Hecker sowie den Landessportbund Niedersachsen entwickelt worden ist, dargestellt und kurz kommentiert. Der Hauptakzent wird bei dieser Einheit vor allem auf Reaktions-/ Aktionsschnelligkeit gelegt. Dieser Trainingsvorschlag enthält drei Teile: Aufwärmen, Üben der Reaktions-/Aktionsschnelligkeit und das Testspiel.

1. Aufwärmen (35 Min.):

Im Training sowie im Spiel besteht eine hohe Verletzungsgefahr, falls die Muskulatur vorher nicht richtig durchblutet wird. Aus diesem Grund ist das Aufwärmen ein wichtiger Teil jedes Torwarttrainings. Mindestdauer der Aufwärmübungen beträgt 20 – 30 Minuten „bis man aus allen Poren schwitzt"[19]. Das spezielle Aufwärmen der Torhüter erfolgt in einer bestimmten Reihenfolge: Einlaufen→ Dehnübungen→ spezifische Ballarbeit/Ballgefühl

- *Einlaufen (Dauer 10 Min.)* besteht aus spezifischen Beweglichkeitsübungen: Beginnend mit lockerem Tempo. Weiterhin Lauf mit Armkreisen in alle Richtungen. Für die Gewöhnung der Beinmuskulatur an die Belastung verwendet man bspw. Skipping, Seitenstellschritten und Kniehebelauf. Zum Schluss des Einlaufens wird es empfohlen, das Tempo zu erhöhen.

- Nach der gründlichen Erwärmung geht man zu *Dehnübungen (Dauer 10 Min.)* über. Bei diesen Übungen (siehe Abb. 1-6 im Anhang) sollte man langsam, in keinem Fall nach der Stoppuhr an die *individuelle* Grenze der Gelenkreichweite heranführen. Alle neuralgischen („schwachen") Punkte werden gedehnt (Achillessehne, Kniebänder, Ellenbogen, Schultergelenke).

- Besonders die Übungen für spezifische *Ballarbeit bzw. Ballgefühl (Dauer 15 Min.)* kann man sehr abwechslungsreich in kleinen Gruppen gestalten:

---

[18] Vgl. Kolodziej, C.: Richtig, S. 47.
[19] Fritz, H./ W. Schmidt/ A. Friedrich: Siegen, S. 122.

✓ Abwechselndes Anspiel mit zwei Bällen. Der Torwart fängt den Ball mit beiden Händen und spielt diesen dem Partner sofort zurück. Variationen: im Stehen, in Bewegung, einhändig.

✓ Abwechselndes Anspiel mit drei und mehr Bällen. Den Ball dem Partner A zuwerfen – den zweiten Ball von dem Partner B fangen und weiter dem Partner A passen. Variationen: Teilnehmeranzahl sowie das Tempo erhöhen.

✓ Ball ohne Bodenkontakt und Hände (nur mit Fuß, Kopf, Oberschenkel) mit einem Partner zuspielen

2.Reaktion-/ Aktionsschnelligkeit (35 Min.):

In der zweiten Phase des Trainings wird die Reaktionsschnelligkeit eingeübt. Diese soll in zwei Parts aufgeteilt werden. Während des ersten Teils wird die Reaktion außerhalb des Tors trainiert. Im zweiten Part werden die spezifischen Übungen vorgeschlagen, die im Tor ausgeführt werden sollten, damit sich der Torwart an seinem Posten vor dem Testspiel einspielen kann.

• Orientierungsvermögen schulen: Der Torwart steht zu seinen beiden Partnern mit dem Rücken. Auf Befehl dreht er sich und klatscht die vier Bälle in vorgegebener Richtung (von unten nach oben, oben – unten, von links nach rechts, rechts - links) ab. (siehe Abb. 7-9 im Anhang)

• Übung mit Tennisbällen. Der Partner schlägt hinter dem Rücken des Torhüters die Tennisbälle mit einem Schläger an eine Wand. Der Torwart steht direkt vor der Wand und soll die zurückspringenden Bälle abwehren. Die kleinen Tennisbälle fliegen schneller und in einem anderen Winkel als Handbälle. Somit ist so eine abwechslungsreiche Übung für das Reaktionsschnelligkeitstraining von großer Bedeutung.

Der Torwart geht ins Tor.

Im Handball gibt es sehr viele unklare Situationen, in denen der Torwart den Wurfmoment nicht sieht und muss erst in letzter Sekunde reagieren. Im Folgenden werden vor allem solche Spielsituationen eingeübt:

• Der Trainer wirft aus kleiner Entfernung (nicht mit voller Wucht!) mit einer schnellen Ansage den Ball auf den mit dem Rücken zu ihm im Tor stehenden Torwart. Torwart dreht sich und versucht den Ball abzuwehren.

- Auf verdeckte Würfe reagieren. Der Werfer wird von dem Torwart durch eine „Mauer" (z.B. aus zwei großen Matten) abgegrenzt. Somit sieht der Keeper den Werfer gar nicht und der Wurf kommt für ihn dementsprechend sehr überraschend. (siehe Abb. 10 im Anhang)

3.Testspiel (20 Min.)

4 Fazit

Leider wird die Bedeutung des Torwarttrainings besonders im Kinder-/Jugendbereich noch heute seitens der verantwortlichen Übungsleiter sehr unterschätzt. Sehr viele Trainer, die in ihrer Mehrheit während der aktiven Spielerlaufbahn als Feldspieler tätig gewesen sind, kümmern sich dann aufgrund ihrer Unqualifizierbarkeit gar nicht um so ein spezifisches Gebiet wie die Angelegenheiten der Torhüter.

„Die Torhüter sind Autodidakten" – schreiben Fritz und Schmidt in ihrem Buch „Halten und Siegen" - „Sie lernen im Laufe ihrer Karriere"[20]. Erfahrung spielt für alle Torhüter natürlich eine große Rolle. So können die im Rahmen dieser Arbeit dargestellten Taktik- sowie Technikprinzipien nur im Laufe der Zeit verinnerlicht werden. Es wäre aber sinnvoller, wenn die Torhüter entsprechend ihrer Sonderaufgaben/-Leistungsanforderungen mindestens ein zweimaliges Sondertraining pro Woche hätten, um beispielsweise ihr Stellungsspiel oder technische Bewegungsabläufe noch mehr bessern zu können. Neben dem Sondertraining wird auch ein Torwarttraining im Rahmen der allgemeinen Mannschaftsarbeit als sinnvoll betrachtet, so Thiel und Hecker, um wie etwa im Rahmen des Abwehrtrainings die Absprachen zwischen Torwart und Innenblock vorzuführen[21].

Athen, 24.08.2004. Olympiaturnier 1/4 Finale: Deutschland – Spanien. Henning Fritz pariert 51 Prozent aller Würfe und lässt anschließend in der 7-Meterserie kein Tor zu[22]. Für viele Skeptiker, die noch Spezialtrainingsmaßnahmen der Torwarte für überflüssig halten, sollte spätestens ab diesem Zeitpunkt deutlich geworden sein, dass ein ausgezeichneter Torwart manchmal mehr als 50 Prozent für den Erfolg bedeutet und daher in

---

[20] Fritz, H./ W. Schmidt/ A. Friedrich: Siegen, S. 7.
[21] Vgl. Thiel, A./ S. Hecker: Halten, S. 130.
[22] Vgl. Fritz, H./ W. Schmidt/ A. Friedrich: Siegen, S. 106 ff.

einer gezielten Förderung der Torwarte große Potenziale für die Verbesserung des Resultates der ganzen Mannschaft liegen.

Literaturverzeichnis

1. Fritz, Henning; Wieland Schmidt; Andreas Friedrich [Siegen, 2005]: Halten und Siegen, Münster: Philippka-Verlag, 2005

2. Kolodziej, Christoph [Richtig, 2003]: Richtig Handball, München: BLV, 2003

3. Thiel, Andreas; Hecker, Stefan [Halten, 1989]: Haltern wie wir, Münster: Philippka-Verlag, 1989

4. Werner, Grage [Training, 1998]: Handballtraining, Aachen: Meyer und Meyer, 1998

5. Landessportbund Niedersachsen [Infos, 2003]: Infos, Tipps, Ideen für die Übungsleiterausbildung, Hannover, 2003

1. Systematische Planung des Trainingsjahres

Das Torwarttraining muss systematisch durchdacht und geplant sein. Besonders in der Vorbereitungsperiode besteht eine gute Möglichkeit, das Training individuell zu gestalten, um beispielsweise bestimmte Schwachpunkte im Torwartspiel zu beseitigen. Im Weiteren sind einige Schwerpunkte im Rahmen der Jahresplanung dargestellt.

In der Vorbereitungsphase, gleich nach dem Urlaub im Sommer sollte der Hauptakzent auf die allgemeinen Grundlagen gelegt werden. So wird eine große Aufmerksamkeit der Besserung von Konditionen, Kraft und Beweglichkeit geschenkt. Parallel arbeitet man in dieser Phase an Grundtechniken sowie taktischen Schwachpunkten bspw. im Stellungsspiel. In der 2. Vorbereitungsperiode (etwa 6 Wochen vor Meisterschaftsbeginn) soll der Trainingsbetrieb der Torwarte wettkampfspezifischer werden. Man trainiert „Stehvermögen" (z.B. Wurfserien nach Vorbelastung). In dieser Phase arbeitet man sehr eng mit den Deckungsspielern. Bei der dritten Trainingsperiode (Wettkampfperiode) handelt es sich um die Zeit zwischen den einzelnen Wettkampfspielen. Dementsprechend muss sich der Torwart auf jedes Spiel vorbereiten, in dem er beispielsweise die Wurfsvorlieben die Angreifervorlieben aus der gegnerischen Mannschaft erlernt. Weiterhin wird in dieser Phase an Technik- bzw. Taktikmängel gearbeitet, die während der Wettkampfspiele aufgedeckt worden sind[23].

---

[23] Vgl. Thiel, A./ S. Hecker: Halten, S. 129 f. und Fritz, H./ W. Schmidt/ A. Friedrich: Siegen, S. 124.

2. Abbildungen

Abb. 1 – 6[24] zu 3. (Dehnübungen):

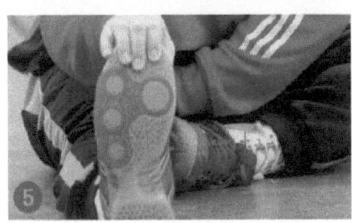 

[24] Fritz, H.; Schmidt, W.: Siegen, S. 122 f.

Abb. 7 – 9[25] zu 3. (Orientierungsvermögen)

Abb. 10[26] zu 3. (Verdeckte Würfe)

[25] Fritz, H.; Schmidt, W.: Siegen, S. 147.
[26] Ebd., S. 150.